RÉPONSE

AUX OBJECTIONS ÉLEVÉES EN ANGLETERRE

CONTRE L'AUTHENTICITÉ

DU

VOYAGE DE CAILLIÉ A TEN-BOKTOUE.

(Extrait de la Revue des deux Mondes.)

Avril 1830.

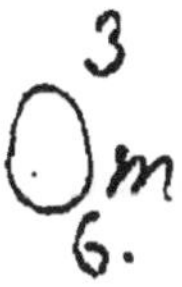

IMPRIMERIE D'ÉVERAT,
rue du Cadran, n° 16.

RÉPONSE

AUX OBJECTIONS ELEVÉES EN ANGLETERRE

CONTRE L'AUTHENTICITÉ

DU

VOYAGE DE CAILLIÉ A TEN-BOKTOUE.

—

Dans ce siècle d'engouement pour les voyages de découvertes en Afrique, la relation récemment publiée du voyage de René Caillié à Ten-Boktoue et Gény devait exciter puissamment l'intérêt et la curiosité, non seulement chez nous, compatriotes du voyageur, mais aussi chez nos voisins d'outremer, qui plus spécialement que nous ont poursuivi d'une louable ardeur l'entreprise que M. Caillié a eu le bonheur d'accomplir le premier.

Tous ceux qui ont vu, dès son arrivée à Paris l'homme *revenu* de Ten-Boktoue, ont pu juger, à la simplicité des récits qu'une curiosité parfois indiscrète lui demandait, qu'il n'était point de ceux à qui s'applique le vieil adage : *a beau mentir qui vient de loin*. Cet homme, en effet, jeune d'années, pauvre d'instruction et de connaissances acquises, doué, il est vrai, d'une sagacité remarquable, n'avait à raconter aucun fait piquant, aucune anecdote extraordinaire : il avait vu beaucoup de pays et de villes, voilà tout; étranger aux combinaisons et aux calculs de la science géographique, il savait les directions et les longueurs des portions de route qu'il avait parcourues, mais rien au-delà. Tout ce qu'il disait alors, comme tout ce qu'il a écrit depuis, portait le caractère de la véracité.

Cependant, cette véracité elle-même, principale, unique richesse du narrateur, vient de lui être contestée avec éclat par l'un des recueils périodiques anglais les plus répandus : la *Quarterly Review* du premier trimestre de cette année contient un article critique sur le fameux voyage. Le nom de sir John Barrow que l'on a essayé d'attacher à cette diatribe, et la place distinguée qu'occupe d'ailleurs la *Quarterly Review* parmi les productions littéraires de la presse périodique étrangère, ne permettent point de laisser sans réponse les objections, quelquefois spécieuses, qui s'y trouvent consignées au milieu d'invectives peu courtoises dont je ne ferai pas à l'honorable gentleman l'injure de le croire auteur. Sans doute M. Caillié, dès qu'il connaîtra les vives attaques dont il est l'objet, se hâtera de les repousser. Quoi qu'il en soit, ayant moi-même admis l'itinéraire de ce voyageur comme l'une des bases d'un travail critique sur la géographie positive de l'Afrique intérieure septentrionale, il y a convenance que je réfute les raisons alléguées contre une authenticité qui ne m'a point paru douteuse dès que j'ai été à portée de juger en connaissance de cause.

Je commencerai par celles de ces objections qui, s'appuyant sur des faits positifs et incontestables, semblent n'admettre aucun palliatif, aucune excuse des assertions par lesquelles ces mêmes faits se trouveraient contredits. Elles sont tirées de l'état du ciel d'après le récit du voyageur, pendant la nuit du 6 au 7 août 1828, deux jours après qu'il eut quitté Ten-Boktoue. La caravane s'était mise en route à 11 heures du soir, et marchait à peu près. au Nord ; la nuit était chaude et belle ; et tout en cheminant sur son chameau, M. Caillié regardait devant lui la voûte céleste : les deux Chariots, c'est-à-dire la grande et la petite Ourse, lui parurent peu éloignés de l'horizon ; à l'Est il crut voir la belle constellation d'Orion s'élever graduellement, passer presque au zénith de la caravane, et dispa-- raître aux approches du jour.

Et cependant, suivant la remarque du critique anglais, tel ne pouvait être l'état véritable du ciel à l'époque et au lieu indiqués ; « attendu que le 7 ou 8
» mai (lisez le 6 mai) à onze heures du soir, et sous le
» méridien de Ten-Boktoue, la grande et la petite
» Ourse, ou les Chariots, au lieu d'être voisines de
» l'horizon, devaient être près de culminer au-dessus
» du pôle, les quatre grandes étoiles de la queue de
» la grande Ourse l'ayant déjà passé, et celles
» de la petite Ourse s'en approchant ; quelques-

» unes d'elles devaient être à près de 60° au
» dessus de l'horizon et le groupe d'Orion qu'il
» dit avoir vu au levant n'était alors nullement
» visible; toutes les parties de cette constella-
» tion étaient en ce moment au-dessous de l'hori-
» zon, s'étant couchées à peu près en même temps
» que le soleil; et aucune étoile de ce groupe ne
» pouvait être élevée au-dessus de l'horizon avant
» huit heures du lendemain. »

Certes ces objections sont des plus graves; mais elles sont peut-être un peu rigoureuses. Et d'abord ce n'est point au moment même où il se mettait en route, que Caillié releva l'état du ciel : il ressort évidemment de sa narration que c'est en cheminant, sans intention directe d'observer, et comme par désœuvrement, qu'il regardait la voûte étoilée; il ne faut donc pas compter ici sur une précision que le voyageur n'a point cherché à mettre dans son récit. Et peut-être d'ailleurs n'a-t-il écrit ces dé-tails que d'après des notes incomplètes, ou même des souvenirs indécis, qui ne devraient leur appa-rente netteté qu'à l'imprudent secours d'une main étrangère. Mais je veux bien supposer que l'erreur lui appartient en entier, pour montrer qu'elle n'of-fre point un motif suffisant de suspecter sa bonne foi.

Puisque le critique anglais regarde comme l'ob-jection la plus forte celle qui est tirée de la position réelle d'Orion, c'est celle que j'aborderai en pre-mier lieu. Mon explication sera simple, la voici en deux mots : Caillié n'avait point étudié le ciel; il

avait, comme beaucoup de personnes, une idée
assez peu juste de quelques constellations principales, qu'il ne connaissait pas assez pertinemment
pour ne s'y point tromper. Que de gens, et j'avoue
que cela m'est autrefois arrivé assez fréquemment,
ont pris le change, même sur la plus reconnaissa-
ble de toutes les constellations, la grande Ourse.
Le vulgaire, qui, des quatre-vingt-sept étoiles vi-
sibles à l'œil nu, dont elle est composée, ne connaît que les *septem triones*, a souvent confondu
ceux-ci avec les sept étoiles presque semblablement
disposées que l'on peut compter, de l'autre côté du
ciel, depuis *al-Faraq* et *Markab*, de Pégase, cor-
respondant à *Dabbeh* et *Myzâr*, jusqu'à la chan-
geante *al-Ghoul* de Persée, représentant l'extré-
mité de la queue de la grande Ourse.

Or cette méprise que nous voyons commettre
tous les jours autour de nous, lorsqu'il s'agit de ce
Chariot si populaire, doit nous rendre faciles à admettre une méprise analogue, imputable au voyageur pour la constellation d'Orion, fort remarquable sans doute, mais bien moins universellement
connue.

Je ne chicanerai pas le docte anglais sur l'heure
du coucher d'Orion, qu'il n'indique pas avec beaucoup d'exactitude; peu importe, puisque cette constellation disparaissait à l'occident tandis que celle
que M. Caillié a aperçue s'élevait à l'orient. Indé-
pendamment d'ailleurs de cette circonstance fon-
damentale, d'autres raisons démontreraient au besoin que ce n'est point Orion dont le voyageur a pu

vouloir parler; car, se trouvant, d'après des déterminations que je n'ai pas l'intention de combattre
ici, par deçà 18° de latitude septentrionale, et se
dirigeant au Nord, il ne devait avoir en vue, sur-
tout pendant tout le cours de leur révolution apparente, que des constellations *boréales*, d'autant
plus qu'il avertit ses lecteurs que celle dont il s'agit
passa près du zénith de la caravane. Examinons
dès-lors si le ciel offrait réellement, dans la portion
qui attira les regards de Caillié, un aspect tel
qu'un homme peu habile en pareille matière pût
croire, sans une aberration complète de tout jugement, y reconnaître le beau groupe d'Orion.

Si l'on porte son attention vers l'Est, on n'y
verra point, sans en être frappé, *al-Thayr* se levant vers onze heures, accompagné des étoiles β
et γ de l'Aigle, comme *Rigel* l'eût été des étoiles
β de l'Eridan et η d'Orion; à côté, la rangée de
petites étoiles de la Flèche, offrant une disposition
relative tout-à-fait semblable à celle de la file de
petites étoiles formant l'épée d'Orion; puis la pri-
maire de *l'épaule* de celui-ci, représentée par les
deux tertiaires très-rapprochées ϵ et ζ de l'Aigle;
enfin θ du Serpent marquant la place de la petite
étoile λ de la tête d'Orion. Voilà, ce me semble,
des ressemblances bien propres à justifier la possi-
bilité d'une méprise de la part d'un homme médio-
crement au fait des constellations. Et si l'on veut
pousser la comparaison plus loin, ne trouvera-t-on
pas digne de considération que le petit groupe des
quatre étoiles tertiaires du Dauphin accompagne

ORION, LE LIÈVRE, ET QUELQUES ÉTOILES VOISINES.

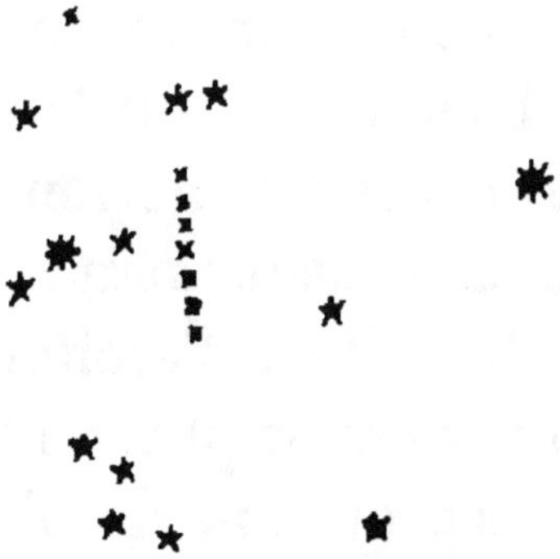

notre pseudo-Orion comme le petit groupe des quatre étoiles tertiaires du Lièvre accompagne l'Orion véritable? β et ε du Cygne correspondraient en outre à β et ζ du grand Chien; enfin, pour ajouter encore à l'illusion, la brillante *Wéga* marquerait la place de l'ardent *Sirius*[1].

Certes de plus habiles que M. Caillié eussent pu être induits en erreur par un tel enchaînement d'analogies, et je suis porté à trouver, dans une semblable méprise, bien plutôt un motif de créance en la sincérité du narrateur, qu'une cause de doute; car, pour mentir en pareille matière, il lui eût été facile de prendre, et il n'est pas douteux qu'il n'eût pris des précautions, qu'il a dû négliger au contraire d'autant plus que le témoignage de ses yeux devait lui paraître incontestable. On connaît le proverbe : *il n'est comptes exacts tels que ceux des fripons.*

Je passe à l'objection qui concerne les deux Chariots : franchement elle m'embarrasse davantage, vu le degré restreint de connaissances astronomiques qu'il faut attribuer à M. Caillié; car si nous lui supposions, je ne dirai pas une notion complète de la grande Ourse, mais seulement, outre les *septem triones*, celle du groupe d'étoiles tertiaires qui forment la *tête*, il n'y aurait plus de difficulté, puisque, dès minuit, ce groupe ne devait plus être

---

[1] Pour rendre cette similitude de disposition plus sensible à tout le monde, j'ai mis en regard, dans la petite planche ci-jointe, d'une part, Orion, avec le Lièvre, Sirius, et les autres étoiles que j'ai mentionnées dans le voisinage ; d'autre part l'Aigle et la Flèche, avec le Dauphin, Wéga, et les autres étoiles citées.

qu'à environ 15° de l'horizon ; d'un autre côté, la Polaire se trouvait à moins de 17° d'élévation verticale : les deux Ourses pouvaient donc, aux yeux d'un observateur vulgaire, être considérées comme près de l'horizon; et si l'on admet quelques mouvemens du terrain, le voisinage aura pu être bien plus grand, eu égard à l'horizon visuel. Que si nous ne supposons au voyageur d'autre connaissance des deux Ourses que celle des sept étoiles principales de chacune d'elles, la Polaire seule présentera réellement le voisinage allégué, et il faudra attribuer en entier aux mouvemens du terrain le rapprochement momentané des autres étoiles à l'égard de l'horizon visuel. Au surplus, on peut remarquer en passant que si l'on admettait pour Ten-Boktoue une moindre latitude, l'élévation verticale des deux Ourses serait d'autant diminuée.

Or le critique anglais se récrie sur l'exagération de la latitude donnée à cette ville dans le travail de M. Jomard ; et là-dessus je suis très-disposé à me ranger de son avis, d'après les résultats que m'ont offerts des travaux antérieurs assez étendus sur ce point géographique; mais ce n'est point ici le lieu d'examiner cette question de fond : c'est une tâche dont je m'occupe en autre lieu[1]. Je dirai seulement un mot de la note tant soit peu acerbe que le morose Breton a saisi l'occasion de placer, sur le pompeux charlatanisme que le commentateur

---

[1] Voyez ci-dessus mes *Considérations critiques sur la géographie positive de l'Afrique intérieure occidentale.*

de M. Caillié aurait mis à déployer un calcul de latitude qui n'est en réalité qu'une vétille, bonne à laisser exécuter, par dessous jambe, aux *aspirans* anglais de 12 ou 13 ans. J'ai bien peur qu'il ne faille attribuer au docte critique moins de *triture* en cette matière qu'à ses jeunes *midshipmen*, puisque, dans un calcul si aisé, il n'a point su découvrir et signaler une erreur capitale qui affecte la mesure de l'angle opposé à l'ombre nette : cet angle, qui marque la distance zénithale apparente du bord supérieur du soleil, se trouve en effet trop faible de tout un demi-diamètre solaire [1]. En relevant cette inexactitude il eût bien plus efficacement frappé à mort ce fastueux étalage (*ostentatious display*) dont il est si vivement offusqué.

La longitude de Ten-Boktoue et de Séghou fournit au géographe anglais une nouvelle occasion de persifler le géographe français qui a associé son nom à la publication de M. Caillié, sur la trop grande confiance qu'il aurait accordée aux assertions de celui-ci, et sur le peu de cérémonie qu'il a mis à reporter de plusieurs degrés vers l'Ouest des longitudes que le major Rennel avait fixées avec un soin scrupuleux, d'après les meilleures autorités (*on the most authentic and satisfactory data*). Mon dessein n'est pas de me faire le champion des déterminations adoptées par M. Jomard, attendu que mon opinion personnelle diffère

---

[1] L'angle est en réalité, pour Ten-Boktoue, de $2°42'18''$ au lieu de $2°26'$, et pour Timé, de $22°38'35''$ au lieu de $22°22'$.

de la sienne, ainsi que je l'expose ailleurs; d'un autre côté, je professe, pour l'érudition étendue et profonde du patriarche de la géographie africaine, dont les sciences déplorent la mort récente, une estime tout aussi sincère pour le moins que celle du collaborateur de la *Quarterly Review*; mais celui-ci, avant de se déclarer, pour sa part, le champion des documens employés par le major Rennel, eût bien fait, ce me semble, d'y regarder à deux fois; et puisqu'il a, pour le calcul des observations géonomiques, cette facilité qui dédaigne un vaniteux étalage de faux savoir, il eût pu lui-même, ou par ses jeunes *midshipmen*, vérifier sans bruit si l'emploi des angles horaires qui ont servi à la détermination des longitudes données depuis par Mungo-Park ne pécherait pas au point d'avoir produit, sur ces mêmes longitudes, de petites erreurs de quelques degrés seulement[1]; ce qui n'aurait d'autre résultat que de justifier, non pas précisément les déterminations de M. Jomard (obtenues d'ailleurs par des moyens purement graphiques), mais au moins des corrections dans le sens de celles que cet académicien a un peu outrées. Je relève, au surplus, ces erreurs dans mon mémoire sur la géographie positive du Nord-Ouest de l'Afrique.

Ayant ainsi *entrepris* M. Jomard, le caustique

---

[1] Ces erreurs augmentent graduellement à mesure que l'on avance vers l'Est; au passage du *Ba-Woulima*, lieu de la cinquième et dernière observation de longitude, l'erreur dépasse *quatre* degrés.

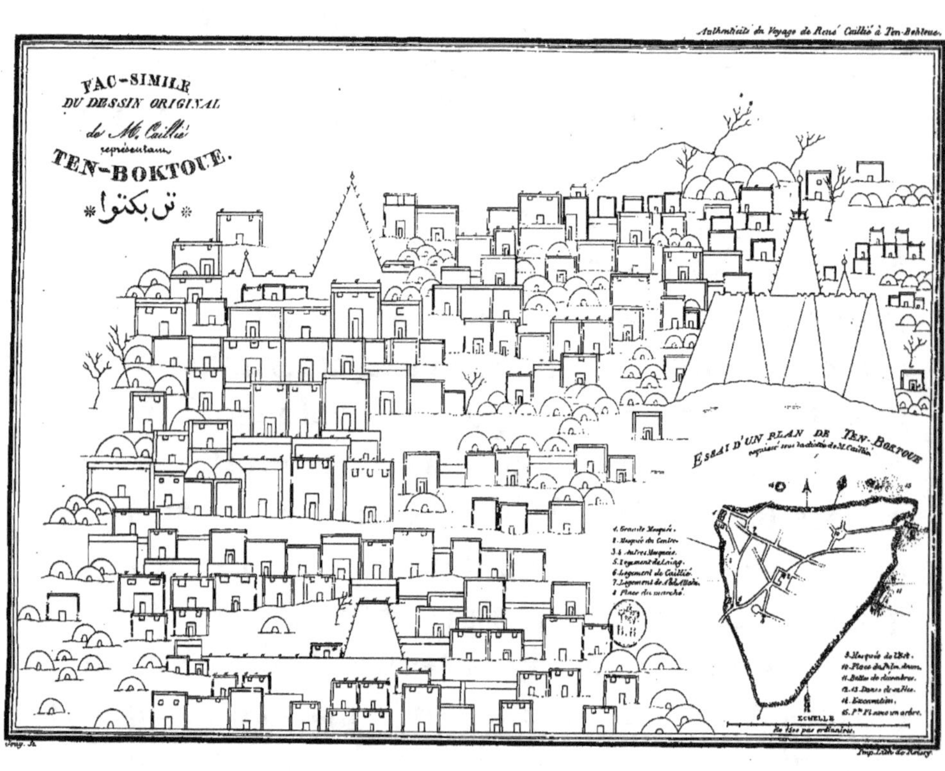

Authenticité du Voyage de René Caillié à Ten-Bohtoue.
FAC-SIMILE
DU DESSIN ORIGINAL
de Mr. Caillié
représentant
TEN-BOKTOUE.
تن بكتوا
ESSAI D'UN PLAN DE TEN-BOKTOUE
copiasé sous la dictée de M. Caillié
1. Grande Mosquée.
2. Mosquée du Centre.
3.4. Autres Mosquées.
5. Logement de Laing.
6. Logement de Caillié.
7. Logement de Sidi Abdallah.
8. Place du marché.
9. Mosquée de Sidi.
10. Place du Palmier.
11. Belles de chambre.
12.13. Dunes de sable.
14. Excavation.
15. Seul Palmier un arbre.
ÉCHELLE
830 pas ordinaires.
Orig. A.
Imp. Lith. de Kaeppelin.

Breton chicane notre académicien jusque sur le titre d'*esquisse naïve*, que celui-ci a donné au croquis informe de Ten-Boktoue, formant, avec *une carte inintelligible*, tout l'atlas de l'ouvrage. Je ne sais si, à défaut absolu de toute autre perspective de la ville fameuse, nous ne devons pas accueillir avec intérêt celle que Caillié, qui n'est point, tant s'en faut, un adepte des arts graphiques, est parvenu à exécuter le plus exactement qu'il ait pu, en figurant chaque maison tout entière, comme font tous ceux qui, sans aucune étude, essaient pour la première fois de dessiner des maisons. Quoi qu'il en soit, c'était bien le cas, ce me semble, d'appeler *naïve* une esquisse où l'art est entré pour si peu, pour beaucoup moins encore que ne l'exprime la planche gravée [1].

Puisque me voilà sur le chapitre de cette esquisse, croquis, vue, perspective, ou tout ce qu'on voudra, de la célèbre cité, je dirai un mot des reproches plus sérieux dont elle est l'objet. Elle devrait, dit-on, représenter un triangle, et elle montre un parallélogramme ; dessinée, d'ailleurs, du haut d'une butte de décombres et d'ordures, elle est probablement aussi peu sincère que le serait une vue du *boulevard des Italiens* prise du *Pont-Neuf !* Quant au premier grief, il serait fondé jusqu'à un certain

---

[1] On en pourra juger par le *fac-simile* ci-joint, exécuté sur une échelle un peu réduite (25/33ᵐᵉ), au moyen d'un calque fidèle, que le voyageur, à son arrivée d'Afrique, m'autorisa à prendre sur son dessin, et qu'il m'a récemment mis à portée de collationner sur l'original.

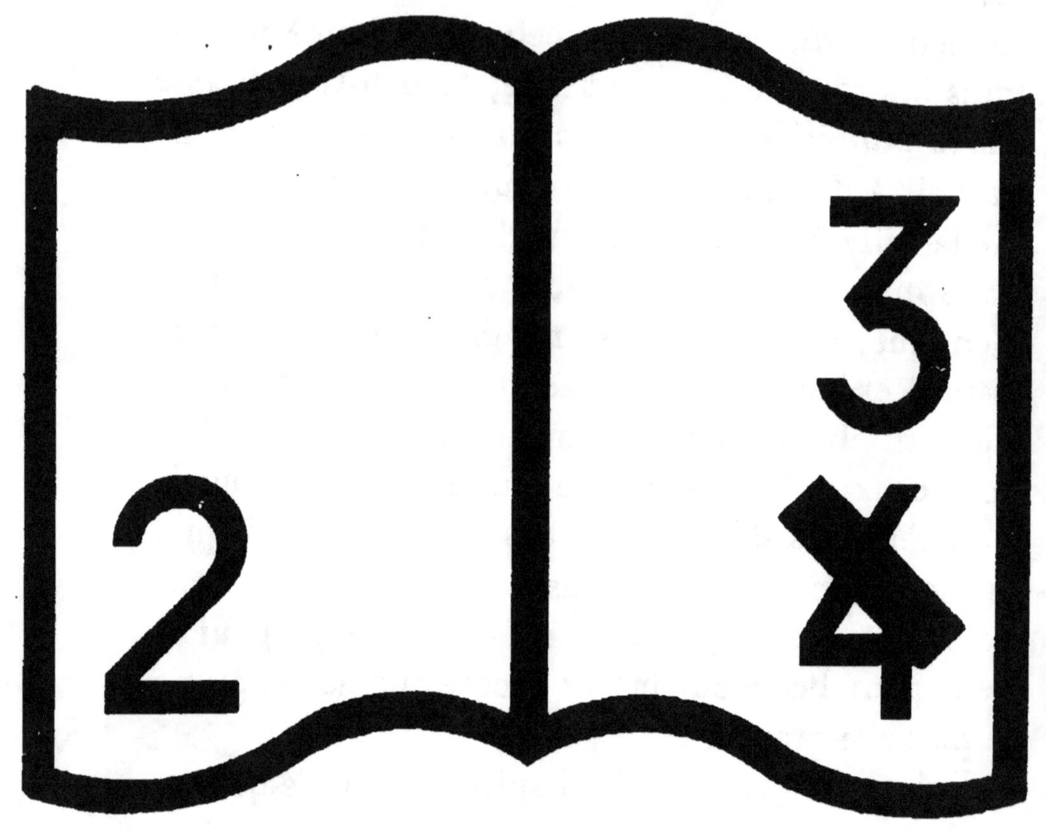

Pagination incorrecte — date incorrecte

NF Z 43-120-12

point si le dessin prétendait représenter dans tout
son ensemble la ville de Ten-Boktoue ; mais bien
que la planche gravée ait ajouté au croquis original, outre les *fioriture*, une quarantaine de maisons, partagées en trois groupes qui forment le
premier plan, la disposition de ces maisons contre
le bord inférieur du cadre, et la légende même
qui est inscrite au-dessous, indiquent suffisam-
ment que l'on n'a point sous les yeux une perspective complète du triangle [1]; on n'aperçoit, en
réalité que deux des angles, vers le haut du ta-
bleau ; celui-ci me paraît, du reste, mal orienté.
On y voit, en effet, les deux mosquées appelées
dans la relation *mosquée de l'Ouest* et *mosquée de
l'Est* correspondre aux mots *Sud* et *Nord*, ajoutés
en dehors du cadre ; et d'un autre côté, la relation
dit que l'esquisse est prise des buttes de décombres
situées au *Sud* de la mosquée de *l'Est*, ce qui ne
pourra jamais se traduire raisonnablement par

---

[1] Suivant le commentaire dont M. Caillié accompagna la première communication qu'il me fit de son dessin, et qu'il m'a ré-
pété maintes fois depuis, la ville doit être prolongée bien au-delà
de la ligne inférieure du cadre, pour se terminer en pointe de ce
côté. La mosquée indiquée vers l'angle inférieur de gauche occupe à peu près, en réalité, le centre de la ville. D'après les expli-
cations nombreuses que le voyageur m'a souvent données à cet
égard, j'ai tâché de dresser sous ses yeux, en interrogeant fréquemment ses souvenirs, l'esquisse d'un petit plan de Ten-Boktoue, inséré dans l'un des coins de la planche ci-jointe ; c'est un
secours indispensable pour s'expliquer avec quelque justesse l'aspect sous lequel les diverses parties de la ville se trouvent repré-
sentées dans la vue perspective. Il pourrait en outre servir, au
besoin, à *restituer* tolérablement cette même perspective.

l'*Est-Nord-Est* comme la légende l'indique en toutes lettres. Quant à l'impossibilité, supposée par le critique, d'apercevoir l'ensemble de la ville du sommet d'une butte de décombres, elle ne saurait être sérieusement alléguée ; car pour dominer toute une ville dont le point culminant (la tour de la grande mosquée) n'a que 5o à 55 pieds de haut, il n'est pas besoin d'une élévation bien considérable, et des buttes de décombres d'une quarantaine de pieds ne seront nulle part un phénomène.

Est-ce bien sérieusement aussi que notre Aristarque trouve inintelligible la carte que le docte commentateur de M. Caillié a jointe à ses *Remarques géographiques ?* Il eût pu dire incommode avec quelque justesse ; mais pour *inintelligible*, c'est sans doute de sa part pure plaisanterie, à moins que l'érudit gentleman n'ait pas l'habitude de regarder de plus près aux cartes qu'aux calculs. Certes je suis loin d'adopter ces *distances conjecturales* et ces *intersections de lignes partant de points hypothétiques*, qui l'ont contrarié dans le travail de M. Jomard ; mais je ne leur ai rien trouvé d'inintelligible, tant s'en faut, et je me serais bien gardé d'asseoir un jugement sur leur degré de plausibilité, si je n'y eusse rien compris.

Mais laissons de côté la cause de M. Jomard, qui est bien en état de se défendre lui-même, et examinons le surplus des objections élevées dans la *Quarterly Review*, contre l'authenticité du voyage de Caillié.

Dès que le critique ne conteste point au voyageur

la vérité de son assertion relative au confluent de deux bras du Ghialiba à Isaca, l'on ne peut considérer comme une objection réelle le plus ou moins de foi que le géographe anglais est en disposition d'accorder au renseignement qui fait venir de Séghou le plus occidental de ces deux bras; car sur ce point, Caillié ne rapporte pas un fait *de visu*, il se contente de répéter, sans les garantir, les informations qu'il a recueillies de la bouche des naturels. Je pourrais avoir beau jeu à entrer ici, avec l'Aristarque britannique, dans le champ de discussion qu'il a ouvert; mais ce n'est pas le moment opportun, et je renvoie sur ce point à mon mémoire.

Notre voyageur place Kábra sur une éminence, à trois milles au nord du port de même nom, lequel est situé sur le moindre des deux grands bras que le Ghialiba forme un peu au-dessus; de ce port principal on remonte par un *canal* jusqu'à la ville de Kábra, qui offre en cet endroit un port secondaire *fort malpropre*. Là-dessus le critique anglais de se récrier, et sur l'existence, au centre de l'Afrique, d'un *canal* qu'il gratifie de l'épithète d'*artificiel*, et sur la prétendue malpropreté de Kábra.

Pour montrer la fausseté de ces détails, il leur oppose le passage suivant, qu'il emprunte à la correspondance du major Laing : « La distance de Cabra à » Temboctou est de cinq milles ; c'est un joli bourg » situé sur le bord même de la rivière : les rues en » sont étroites, mais propres. » J'avoue que j'ai peine à trouver aucune contradiction entre ce passage et les récits de Caillié : que Kâbra soit à cinq milles de Ten-Boktoue, c'est précisément ce que portent et sa relation et son itinéraire. Que ce bourg se trouve sur le bord de la rivière, c'est ce que le voyageur français affirme aussi, puisqu'il y arrive en bâteau et débarque sur le port : si d'un canal naturel, ou bras secondaire du grand fleuve, le gentleman fait à plaisir une tranchée artificielle, libre à lui ; mais qu'il n'impute qu'à sa propre méprise tout ce que cette idée lui paraît avoir d'*absolument neuf* et d'absurde. Que les rues de Kâbra soient étroites et propres, c'est ce que Caillié est loin de nier : « J'allai (dit-il au bas de la page 295 du se- » cond volume) me promener dans l'intérieur de » la ville pour la visiter : les rues en sont étroites, » mais assez bien tenues. » Je suis tenté de croire que dans la préoccupation chagrine dont il se trouve possédé, le critique breton ne regarde guère de plus près aux récits qu'aux calculs et aux cartes.

Autre objection : Caillié était, à Ten-Boktoue, logé chez A'bd-Allahi, dans une maison voisine de celle où Laing, dit-il, avait lui-même demeuré ; le voyageur français eut occasion de connaître l'hôte du major, et de recevoir même de lui des marques de bienveillance ; il doit donc savoir comment on appelait celui-ci, que cependant il n'a garde de nommer : comme notre critique est à cet égard très-bien informé, il porte un défi au narrateur *de décliner ce nom, en preuve de sincérité.* J'ignore si M. Caillié a retenu en effet le nom du négociant tripolitain qu'il donne pour hôte au major Laing ;

j'avoue même qu'en ce qui concerne ce *négociant de Tripoli*, sa relation ne cadre point avec les informations que j'avais déjà recueillies, puisque, d'après celles-ci, O'tsmân ben Aby-Baker aurait lui-même reçu Laing dans sa propre maison, sur la recommandation d'Al-Mokhtâr, scheykh de Kountah ; mais ceci n'implique point au fond contradiction, attendu qu'après le premier accueil, le chef de Ten-Boktoue a pu désigner au major, ou celui-ci se procurer un autre logement, sans que ce chef cessât d'être considéré comme l'hôte de l'officier anglais ; et il est assez naturel de croire que celui-ci aura fixé sa demeure chez quelque Tripolitain, puisqu'il voyageait sous la protection du pacha de cette régence ; mais c'est assez, sur ce point, raisonner dans le vide : Caillié se trouvât-il, à cet égard, en défaut, ce que je suis porté à ne point soupçonner, on n'aurait à lui reprocher, au pis aller, que d'avoir ajouté une broderie bien peu importante à l'histoire de son séjour à Ten-Boktoue ; mais encore une fois, j'aime à me persuader qu'il n'en est rien, et j'ai personnellement une foi entière, quoique non aveugle, en la sincérité de notre voyageur.

Passons à un autre grief. Caillié dit que le prince, roi, ou gouverneur de Ten-Boktoue, appelé O'tsmân, est un nègre à teint noir foncé et à cheveux blancs crépus ; là-dessus, le critique d'affirmer que O'tsmân est un Foulah ou Félan, probablement aussi blanc que M. Caillié. Lequel croire des deux ? Je crains que le collaborateur de la *Quarterly Re-*

view ne soit pas entièrement au fait de la généalogie et de la race de cet O'tsmân, que nous savons, d'autre source, être le même que O'tsmân ben Aby-Baker, premier hôte du major Laing, et l'un des scheykhs qui, avant l'expédition des Félâns, exerçaient en commun l'autorité à Ten-Boktoue.

Cette dernière observation me conduit à une nouvelle objection de l'Aristarque anglais. Après avoir assuré que le commandant de Ten-Boktoue était un Félân, il affirme, d'un autre côté, que le gouvernement de cette cité était entre les mains d'une femme appelée *Nan-Hubéré*, et de trois scheykhs, nommés *Cabia-Fernia*, *Yathéré*, et *Kaïd Bou-Boker*, ou *al-saidi Bou-Boker*. Nous savions fort bien déjà qu'une femme, désignée sous le titre de *Nana-Beyra*, ou princesse-mère, avait commandé à Ten-Boktoue, avec l'assistance d'un conseil de scheykhs, parmi lesquels se trouvait O'tsmân ben Aby-Baker, le même *qâyd* ou gouverneur, le même *sydy* ou *gentleman*, que notre critique breton ne sait pas reconnaître sous son patronyme *Ebn Aby-Baker*, fautivement écrit *Bou-Boker*. Mais une petite explication que le nouvelliste anglais si bien informé eût dû nous fournir, c'est que tout cela était déjà de l'histoire ancienne, puisque ce mode de gouvernement a été renversé, de son propre aveu, en 1826, par le sultan Labo, c'est-à-dire par Ahhmed ben Ahhmed Labbou, solthân de Masénah. M. Caillié, qui fait aussi mention de cette expédition des Félâns, désigne comme général de l'armée expéditionnaire Ségho ben Ahhmed, chef de Gény, et frère du solthán de Masénah. Quoi qu'il en soit, nous savons de bonne source que le chef félân, devenu maître de la fameuse cité, y établit pour gouverneur unique le même qâyd nègre sydy O'tsmân ben Aby-Baker, membre du divân ou conseil des scheykhs mentionné ci-dessus. Et nous sommes assurés, par le critique lui-même, que l'ordre de choses établi par les Félâns n'a éprouvé aucun changement en 1828 ni 1829; dès lors M. Caillié n'est pas trop répréhensible d'avoir rencontré, en avril 1828, un mode de gouvernement qui, datant de 1826, subsistait encore en 1829.

M. Jomard, dans ses *Remarques*, croit même trouver, dans l'indication donnée par Caillié de O'tsmân comme gouverneur de Ten-Boktoue, une particularité remarquable qui n'aurait été confirmée que postérieurement, précisément par la communication de quelques fragmens des lettres du major Laing. Mais c'est une erreur : des lettres de Tripoli, qui reçurent dès le commencement de 1828 la plus grande publicité [1], avaient itérativement annoncé ce fait, que l'on ne saurait plus de bonne foi révoquer en doute.

Forcé d'admettre la réalité du commandement de O'tsmân, le critique a, du moins, peine à concevoir que ce commandement puisse être héréditaire et

---

[1] Ces lettres, écrites par M. le baron Rousseau à M. G. Barbié du Bocage, furent lues à l'Académie des Sciences, et insérées par extrait dans divers recueils périodiques; on peut les voir, entre autres, dans le *Journal des Voyages*, Iᵉ série, t. 37, pag. 349-353.

doïve passer au fils aîné de O'tsmân. Ici, y eût-il erreur, nulle induction fâcheuse n'en pourrait résulter contre la bonne foi de M. Caillié : on en devrait tout au plus tirer la conséquence que le voyageur a mal compris ou a été mal informé. Mais je ne trouve point, je l'avoue, dans l'expédition des Félâns en 1826, un motif suffisant de révoquer en doute cette transmission héréditaire du commandement, qui, établie probablement de longue date chez les Kissours, se perpétuera naturellement parmi eux, sans que les Félâns s'inquiètent d'autre chose que de percevoir le tribut par eux imposé, si en effet ils conservent une suprématie réelle sur Ten-Boktoue.

Or c'est ce dont il y aurait lieu de douter, si l'on s'en rapportait à ce que dit M. Caillié de la tyrannique insolence des Touâryqs, tandis que, s'il en faut croire son contradicteur, les Félâns sont toujours les maîtres, et la puissance des Touâryqs demeure anéantie. Malgré une assertion aussi positive, et les excellentes informations dont le docte critique se prétend possesseur en ce qui concerne les Berbers, les Félâns, les Mandings et les Touâryqs, j'ai peine à me persuader avec lui que ces derniers aient pu être chassés du pays où Caillié assure les avoir rencontrés, entre Gény et Ten-Boktoue, et où nous savions, par Mungo-Park, qu'ils étaient déjà établis il y a vingt-cinq ans sous le nom de *Sourkas*, que le voyageur français prononce *Sorgous*. Un envahissement complet, amenant à demeure sur le sol des populations nouvelles, eût seul pu produire une

révolution telle que se l'imagine le docte Anglais ;
mais le flux passager d'une expédition comme celle
des Félâns en 1826 ne produit guère que des résultats instantanés, disparaissant avec le reflux, et
laissant les turbulens Touâryqs insoumis et pillards,
les placides Kissours grevés d'un nouveau tribut,
voilà tout. Au besoin, j'en trouverais une preuve
dans les objections mêmes du critique ; car si,
comme il l'assure d'après le témoignage de l'ancien
domestique nègre de M. Tyrwhit, Nana-Beyra et
son divan avaient, en mai 1828, repris l'autorité,
on avouera que les changemens opérés par les Félâns dans le gouvernement de Ten-Boktoue n'au-
ront pas été d'une bien longue durée.

Enfin j'arrive aux dernières chicanes de la *Quarterly Review*. Le critique des bords de la Tamise,
bien plus sûrement informé sans doute des dé-
tails du meurtre de Laing, depuis que le récit
lui en est parvenu à travers quelques conteurs in-
termédiaires de plus, oppose gravement la version qui lui a été faite à la version recueillie sur
les lieux par notre voyageur ; cela me donnerait
envie d'opposer à mon tour à l'une et à l'autre
quelqu'une de celles qui ont été données soit à Tripoli soit à Saint-Louis du Sénégal. Mais il serait
plus raisonnable, je crois, au lieu de relever leurs
dissidences, de remarquer au contraire les points
sur lesquels elles concordent, et qui peuvent dès
lors être admis comme avérés. Quoi qu'il en soit,
ce n'est point M. Caillié qu'il faudrait rendre res-
ponsable de l'inexactitude des informations qu'il a

reçues. Au surplus, je suis bien aise de trouver, dans quelques renseignemens fournis à ce sujet, par sir John Barrow, la double preuve, d'une part que le collaborateur de la *Quarterly Review* s'est mépris dans ses assertions, et d'autre part que l'honorable gentleman à qui l'on a eu l'impudence d'attribuer cette grossière diatribe ne saurait en être l'auteur. Dans une lettre imprimée dans l'appendice du Voyage de Caillié, M. Barrow affirme que le major Laing, parti de Ten-Boktoue le 22 septembre 1826 avec une petite caravane, ayant un seul domestique Arabe à son service, fut rejoint *le troisième soir* par quelques arabes faisant partie de la caravane, et *ensuite* bassement massacré. Cette réunion des deux fractions de la caravane, *le troisième soir*, paraît avoir donné le change au critique, qui dans son ardeur n'a point remarqué que le meurtre n'a eu lieu qu'*ensuite*; or d'après les récits faits à Caillié, aussi bien que d'après ceux qui me sont parvenus par la voie du Sénégal, cet *ensuite* doit s'entendre du surlendemain, lorsqu'on se trouvait au voisinage de A'raouân, à moins que la caravane n'eût fait telle diligence, qu'elle eût atteint dès le troisième soir ce lieu, éloigné de cinq journées de marche de Ten-Boktoue. Le voyageur français mentionne, au surplus, de son côté, la rencontre *antérieure* de la caravane, rapportée ci-dessus au troisième soir.

Je termine ici cette note : j'y ai démontré, ce me semble, qu'aucun motif raisonnable de douter de la sincérité de Caillié n'a été établi par son critique.

Je ne suivrai point celui-ci dans les odieuses et ab-
surdes querelles dont il poursuit, à propos des pa-
piers de Laing, le Chargé d'affaires du Roi de
France à Tripoli : la préoccupation de M. Warring-
ton à cet égard avait du moins, dans les liens qui
l'unissaient au major, une ombre d'excuse ; mais de
la part de tout autre, les allégations injurieuses ré-
pétées par la *Quarterly Review* ne peuvent plus être
considérées que comme de méprisables calomnies.

A.....